Fernando Pessoa

Fernando Pessoa

El cuidador de rebaños

Traducción de Debret Viana

HOJAS DEL SUR

Buenos Aires

www.hojasdelsur.com

El cuidador de rebaños
Fernando Pessoa

1a edición
Colección: Biblioteca Atemporal

Editorial Hojas del Sur S.A.

Albarellos 3016
Buenos Aires, C1419FSU, Argentina
e-mail: info@hojasdelsur.com
www.hojasdelsur.com

ISBN 978-987-8310-88-6

Dirección editorial: Andrés Mego
Traducción: Debret Viana
Edición: Paola Adler
Ilustración de biografía: Almada Negreiros
Diseño y arte: AADG Studio

Pessoa, Fernando
   El cuidador de rebaños / Fernando Pessoa. - 1a ed. - Ciudad Autónoma de Buenos Aires : Hojas del Sur, 2021.
   112 p. ; 22 x 14 cm.

   Traducción de: Debret Viana.
   ISBN 978-987-8310-88-6

   1. Poesía Portuguesa. I. Debret Viana, trad. II. Título.
   CDD 869.1

©2021 Editorial Hojas del Sur S.A.

Fernando Antonio Nogueira Pessoa

(Lisboa, 1888 - 1935)

Fue el poeta portugués más importante del siglo XX y el ejecutor de una de las obras literarias más singulares, especialmente reconocida por sus heterónimos: Alberto Caeiro, Alexander Search, Álvaro de Campos, Bernardo Soares y Ricardo Reis, entre muchos otros.

Debret Viana

[traductor]

Nació en Buenos Aires, en 1981. Es escritor, editor, traductor y dicta talleres y clínicas sobre lectura y escritura. Publicó los libros *Deslinde* (novela, HDS), *Últimas pasiones preapocalípticas* (poesía, HDS), *Mi corazón muerto* (poesía, HDS) y *Menos* (cuentos). Escribe artículos culturales en diversos medios.

Prólogo

Un gesto en el aire

I

La obra de Fernando Pessoa es un gesto en el aire. Un truco hecho en secreto, para nadie o para sí mismo, algo que en el caso de Pessoa es lo mismo o intercambiable.

II

Fui hechizado por Fernando Pessoa muy temprano. A los 13 años, en un campamento del colegio, mientras me aburría del aburrimiento natural de los inadaptados, el profesor de portugués me prestó una antología de Pessoa. Por supuesto, me partió la cabeza y escindió mi vida probablemente en muchas más partes de las que puedo concebir. Fascinado como estaba, me era frecuente hablarles de Pessoa a mis amigos y conocidos, y siempre tenía dificultades para que me creyeran la peripecia que hizo Pessoa y la magnitud de ese teatro secreto que pergeñó a solas, quién sabe si para la posteridad, para la poesía o para reírse solo en el peldaño más solitario de su delirio.

Un delirio, por cierto, muy poblado. Son más de setenta los heterónimos de Pessoa; prácticamente cien, dicen algunos. Y sin dudas hay algo fascinante en el hecho de inventar (o hacer nacer) casi cien personas dentro de uno, y que cada una tenga una biografía, una dicción, un uso del lenguaje, una cosmogonía y hasta una carta astral. Más fascinante aun resulta que muchos de esos heterónimos tengan obra, es decir, no un poema o un cuento, sino una producción extensa, a veces sostenida en el tiempo, a lo largo de años. Para sumar complejidad a la maniobra (y desde luego, exquisitez) varios de estos heterónimos se carteaban y hasta se patoteaban, la mayoría de las veces porque defendían con pasión ideas literarias que eran, entre ellos, gloriosamente contradictorias. Pero también está el caso de Álvaro de Campos escribiéndole cartas a Ofelia, la novia de Pessoa, para hablarle mal de Pessoa, que era a la vez el titiritero y el títere y la víctima de su artificio, pero siempre, sobretodo, el escenario sin escenario en el que su teatro discurría.

Y aunque todo esto es ya un despliegue teatral delirante, resta todavía lo que a mí más me fascinaba de toda la empresa:

El secreto.

III

El hecho de que Pessoa labró este teatro sin escenario y lo sostuvo durante décadas, y no dijo nada. Calló como quien descubrió una gema incomprensible.

Algún que otro amigo íntimo sabía parte del truco pero, ¿quién podría asimilar semejante obra? Es decir, esa obra más allá de la obra, esa obra más vasta en la que los versos, los poemas, los libros se ensamblan para componer una figura inmensa, más grande que el siglo, más grande que la poesía.

Es como si Shakespeare hubiese hecho *Hamlet*, *Macbeth*, *Otelo*, en fin, toda su obra, pero no sobre un escenario, sino en cualquier parte, sin avisar que estaba haciendo teatro, sin pactar un contrato de ficción con su audiencia.

Cuántas veces traté de explicar esto frente a la mirada atónita y suspicaz de mis interlocutores. Es un plan inverosímil, muy difícil de llevar a cabo, que requería mucho talento, mucha obsesión y una devoción magnífica por el delirio, pero (y aquí es donde mi lenguaje hacía aguas), ¿para qué?

¿Qué artista es tan grande como para impedir a su audiencia la asimilación total de su grandeza?

Quizás tenga sentido, considerando el aprecio que tiene el mundo por los poetas, gozar en silencio los dones de la propia grandeza, antes que esperar el aplauso y la gratitud de los contemporáneos. Pero esta me resulta una explicación triste, y la obra de Pessoa no es una concesión al fracaso sino una forma imperial de fracasar: el gesto sublime de un derrotado que conquistó su derrota y que dejó en el aire la estela invisible de un arte tan desvaneciente como eterno, pero claro, me refiero a esas eternidades efímeras: lo que dura un lenguaje, lo dura una especie.

Quizás parte del plan era posponer deliberadamente su obra hasta que sea parte de la eternidad. ¿Qué otro objeto sino la poesía tiene todo el tiempo del mundo a su favor?

IV

¿Quién fue Fernando Pessoa? Esa es la pregunta equivocada.

Es inexistente, en Pessoa, una imagen estable del *yo*. Lo que me lleva a pensar, o a ver como quien ve lo que quiere ver y no lo que hay, que Pessoa está siendo: no está en su biografía, no está en sus libros ni en sus versos, no está en la actitud y en la ideología de cada uno de sus heterónimos sino en la extraña interacción en tiempo real (el tiempo del lector) de todos los que Pessoa fue.

Solemos decir de los libros que no son nada, que son objetos muertos ensamblados en un mueble hasta que un lector los activa: que el libro existe (y por lo tanto el fenómeno de la literatura: algo social e íntimo a la vez) en el diálogo que se establece con el lector; de lo contrario, son letras del alfabeto desperdigadas en la inútil blancura de páginas apretadas.

Una potencia semejante ocurre en Pessoa.

Fernando Pessoa estaría, es decir, se nos volvería visible, no en los versos de Caeiro ni en los versos de Ricardo Reis, ni en la prosa de Bernardo Soares. Ni siquiera, incluso mucho menos, en los poemas firmados por Pessoa mismo. Tampoco en la sumatoria de todos sus textos, de todas sus páginas, de todos sus espíritus.

Así como el ajedrez no está en cada pieza ni está en la victoria, sino en la orquestación cabal de todos los movimientos de la batalla, Fernando Pessoa estaría frente a nosotros cuando subimos a ese teatro etéreo que él montó en el aire, en el que se mueven a su modo cada uno de sus heterónimos componiendo, quizás, una figura definitiva y elusiva: la figura de la ausencia del propio Pessoa.

Sea como fuese, es un enigma, y ese enigma está lleno de piezas: algunas encajan, otras no. Este libro, *El cuidador de rebaños*, es la primera pieza.

V

Había un plan muy severo a la hora de orquestar sus heterónimos. La obra final llevaría el nombre de Fernando Pessoa, revelando su identidad al mundo, bajo el título *Ficciones del interludio*. El primer volúmen de esos libros sería este: los poemas de Alberto Caeiro que ahora, lector, tenés en tus manos. El principio de una obra tan vasta como inenarrable, tan subrayable como inasimilable.

Fernando Pessoa fue escritor, poeta, crítico literario, traductor, editor, freelancer, ocultista, hermético, místico, astrólogo y espiritista, para algunos un médium, para otros, un esquizofrénico, también fue acusado de asesinar al escritor y ocultista Aleister Crowley[1].

De paso, es el poeta más grande de Portugal. Nació en 1888 y murió en 1935. Entre esas fechas, los días fueron suyos y misteriosos, como los versos de su poema "Autopsicografía":

El poeta es un fingidor.
Finge tan completamente
que llega a fingir que es dolor
el dolor que de veras siente.

Y los que leen lo que escribe,
en el dolor leído sienten
no los dos dolores que él tuvo
sino el dolor que ellos no tienen.

Murió joven, pero imaginó haber vivido muchas vidas. Tuvo muy poco, y no dejó nada, salvo un baúl lleno de universos: las galaxias latentes en una soledad alucinada.

---

1. Al final, Aleister, que andaba desaparecido, apareció, y Pessoa fue eximido de pagar por el asesinato de un tipo que estaba vivo.

A su muerte era casi un desconocido, solo un libro publicó en vida, *Mensaje*, un año antes de morir.

Pero la poesía tiene su propia eternidad; allí columpia Fernando Pessoa, ficción de sí mismo, a su alma plural.

O, como escribió en ese libro:

La vida es breve y el alma es vasta:
tener es tardar.

VI

Y a todo esto, ¿quién es Alberto Caeiro?

Álvaro de Campos, otro heterónimo de Pessoa, cuenta que lo conoció. Dice que tenía los ojos azules, como de niño que no tiene miedo, y que era pálido, de aire griego. Caeiro fue, con el tiempo, el maestro de Álvaro de Campos, de Ricardo Reis[2] y también de Fernando Pessoa (Pessoa escribió en su diario: "y un día mi propio maestro nació en mí"). Mi maestro Caeiro no era pagano, dice Álvaro de Campos: era el paganismo.

Ricardo Reis era pagano, Antonio Mora era pagano,
yo soy pagano; el mismo Fernando Pessoa sería pagano

---

2. Sí, otro heterónimo de Pessoa, un poeta que vivía en Brasil y escribía bajo formas clásicas; es el único que sobrevive a Pessoa.

si no fuese un ovillo enredado hacia adentro. Pero Ricardo Reis es pagano por carácter. Antonio Mora es pagano por inteligencia. Yo soy pagano por rebeldía, o sea, por temperamento. En Caeiro no había explicación para su paganismo; había consubstanciación.

Alberto Caeiro es el primero en morir de todos los heterónimos de Pessoa, y el más joven: hay cartas que cuentan el funeral que no existió del poeta muerto que tampoco existió.

¿Quién fue entonces?

Él mismo lo confiesa, en estas páginas.

Debret Viana

El cuidador
de rebaños

<h1 align="center">I</h1>

Yo nunca cuidé rebaños,

pero es como si los cuidara.

Mi alma es como la de un pastor,

conoce el viento y el sol

y camina de la mano de las Estaciones

para seguir y para mirar.

Toda la paz de la Naturaleza sin gente

se viene a sentar a mi lado.

Pero yo me quedo triste como una puesta de sol

para nuestra imaginación,

cuando se enfría el fondo de la planicie

y se siente la entrada de la noche

como una mariposa por la ventana.

Pero mi tristeza es sosiego

porque es natural y justa

y es lo que debe estar en el alma

cuando ella piensa que existe

y las manos recogen flores sin que ella se dé cuenta.

Como un ruido de sonajas

más allá de la curva de la calle,

mis pensamientos están contentos,
solo tengo pena de saber que ellos están contentos,
porque, si yo no lo supiese,
en vez de estar contentos y ser tristes
serían alegres y contentos.

Pensar incomoda como caminar bajo la lluvia
cuando el viento crece y parece que llueve más.

No tengo ambiciones ni deseos,
ser poeta no es una ambición mía
es mi manera de estar solo.
Y si deseo a veces
por imaginar, ser cordero
(o ser el rebaño entero
para extenderme por toda la pendiente
y ser mucha cosa feliz al mismo tiempo)
es solo porque siento lo que escribo cuando se pone el sol,
o cuando una nube pasa la mano por encima de la luz
y corre un silencio por la hierba allá afuera.

Cuando me siento a escribir versos
o, paseando por los caminos o por los atajos,
escribo versos en un papel que está en mi pensamiento,
siento un bastón en las manos
y veo un recorte de mí

en la cima de una colina,

mirando para mi rebaño y viendo mis ideas,

o mirando para mis ideas y viendo mi rebaño,

y sonriendo vagamente como quien no comprende

/lo que se dice

y quiere fingir que comprende.

Saludo a todos los que me leen,

quitándome para ellos el sombrero

cuando me ven en mi puerta

mal sube la diligencia en la cima de la colina,

los saludo y les deseo sol,

y lluvia, cuando la lluvia es precisa,

y que en sus casas tengan

al pie de una ventana abierta

una silla predilecta

en la que se sientan cuando leen mis versos.

Y que cuando lean mis versos piensen

que soy cualquier cosa natural—

por ejemplo, el árbol antiguo

a la sombra del cual cuando niños

se sentaban con un ruido sordo, cansados de jugar,

y se limpiaban el sudor de la frente caliente

con la manga del babero rayado.

II

Mi mirada es nítida como un girasol.
Tengo la costumbre de andar por las calles
mirando para la derecha y para la izquierda,
y de vez en cuando mirando hacia atrás...
y lo que veo en cada momento
es aquello que nunca antes había visto,

es algo que sé muy bien...
Sé tener el pasmo esencial
que tiene un niño si, al nacer,
reparase que está naciendo de verdad...
me siento nacido a cada momento
para la eterna novedad del mundo...

Creo en el mundo como en una caléndula,
porque lo veo. Pero no pienso en él
porque pensar es no comprender...
El mundo no se hizo para que pensemos en él
(pensar es estar enfermo de los ojos)
sino para mirarlo y estar de acuerdo...

Yo no tengo filosofía: tengo sentidos...
Si hablo de la naturaleza no es porque sepa lo que es
sino porque la amo, y la amo por eso,
porque quien ama nunca sabe lo que ama
ni sabe por qué ama, ni lo que es amar...

Amar es la eterna inocencia,
y la única inocencia es no pensar.

III

Al atardecer, encorvado en la ventana,

y sabiendo de soslayo que hay campos enfrente,

leo hasta que me arden los ojos

el libro de Cesário Verde.

¡Qué pena que siento por él! Él era un agricultor

que andaba preso en libertad por la ciudad.

pero el modo con el que miraba las casas,

el modo en que reparaba en las calles,

y la manera en que veía las cosas

es la de quien mira árboles,

es de quien desciende los ojos por el camino

/por donde va andando

para reparar en las flores que hay por los campos...

Por eso él tenía esa gran tristeza

que nunca dijo bien que tenía,

pero andaba por la ciudad como quien anda por el campo

y triste como aplastar flores en libros

y poner plantas en jarros.

IV

Esta tarde la tormenta cayó
por la pendiente cielo abajo
como una piedra enorme...
como alguien que de una ventana alta
sacude un mantel,
y las migas, por caer todas juntas,
hacen un solo ruido al caer,
la lluvia llovía del cielo
y ennegreció los caminos...

Cuando los relámpagos sacudían el aire
y agitaban el espacio
como una gran cabeza que dice que no,
no sé por qué (yo no tenía miedo)
me puse a rezar a Santa Bárbara
como si yo fuese la tía vieja de alguien...

¡Ah! Es que rezando a Santa Bárbara
yo me sentía aún más simple
de lo que juzgo que soy...
Me sentía familiar y casero
y habiendo pasado la vida

tranquilamente, como el muro de un patio interior;
teniendo ideas y sentimientos por tenerlos
como una flor tiene perfume y color...

Me sentía alguien que podía creer en Santa Bárbara...
¡Ah, poder creer en Santa Bárbara!

(¿Quien cree que hay Santa Bárbara
juzgará que ella es persona y visible
o qué juzgará que es?)

(¡Qué artificio! ¿Qué saben
las flores, los árboles, los rebaños,
de Santa Bárbara?... Una rama del árbol,
si pensara, nunca podría
construir santos ni ángeles...
podría juzgar que el sol
es Dios, o que la tormenta
es una cantidad de gente
enojada encima nuestro...

Ah, ¡cómo los más simples de los hombres
son enfermos y confusos y estúpidos
al pie de la clara simplicidad
y salud del existir
de los árboles y las plantas!)

Y yo, pensando en todo esto,

me quedé otra vez menos feliz...

me quedé sombrío y enfermando y triste

como un día en que todo el día la tormenta amenaza

y ni siquiera a la noche llega...

V

Hay suficiente metafísica en no pensar en nada.

¿Qué pienso yo del mundo?
¡Yo qué sé qué pienso del mundo!
Si estuviese enfermo pensaría en eso.

¿Qué idea tengo de las cosas?
¿Qué opinión tengo sobre las causas y los efectos?
¿Qué tengo yo meditado sobre Dios y sobre el alma
y sobre la creación del Mundo?
No sé. Para mí pensar en eso es cerrar los ojos
y no pensar. Es correr las cortinas
de mi ventana (pero mi ventana no tiene cortinas).

¿El misterio de las cosas? ¡Yo qué sé qué es el misterio!
El único misterio es que haya quien piense en el misterio.
Quien está al sol y cierra los ojos,
comienza a no saber lo que es el sol
y a pensar muchas cosas llenas de calor.
Pero abre los ojos y ve al sol,
y ya no puede pensar en nada más,
porque la luz del sol vale más que los pensamientos

de todos los filósofos y de todos los poetas.
La luz del sol no sabe lo que hace
por eso no erra y es común y buena.

¿Metafísica? ¿Qué metafísica tienen esos árboles?
La de ser verdes y tener copas y ramas
y la de dar frutos en su hora, lo que no nos hace pensar,
a nosotros, que no sabemos darlos.
Pero, ¿qué mejor metafísica que la de ellos,
que es la de no saber para qué viven
ni saber que no lo saben?

"Constitución íntima de las cosas"...
"Sentido íntimo del Universo"...
Todo esto es falso, todo esto no quiere decir nada.
Es increíble que se pueda pensar en ese tipo de cosas.
Es como pensar en razones y fines
cuando el comienzo de la mañana está rayando,
/y por el lado de los árboles
un vago oro lustroso va perdiendo oscuridad.

Pensar en el sentido íntimo de las cosas
es exagerado, como pensar en la salud
o llevar un vaso con agua de las fuentes.
El único sentido íntimo de las cosas
es que ellas no tienen ningún sentido íntimo.

No creo en Dios porque nunca lo vi.

Si él quisiera que yo creyera en él,

sin duda que vendría a hablar conmigo

y entraría por mi puerta

diciéndome, *¡Aquí estoy!*

(Esto es tal vez ridículo a los oídos

de quien, por no saber lo que es mirar a las cosas,

no comprende a quien habla de ellas

con el modo de hablar que reparar en ellas enseña).

Pero si Dios es las flores y los árboles

y los montes y el sol y la luz de la luna,

entonces creo en él,

entonces creo en él a toda hora,

y mi vida es toda una oración, y una misa,

y una comunión con los ojos y por los oídos.

Pero si Dios es los árboles y las flores

y los montes y la luz de la luna y el sol,

¿para qué le llamo Dios entonces?

Le llamo flores y árboles y montes y el sol y la luz de la luna;

porque, si él se hizo para que yo lo vea,

sol y luz de luna y flores y árboles y montes

si él se me aparece siendo árboles y montes

y luz de luna y sol y flores

es que él quiere que yo lo conozca
como árboles y montes y flores y luz de luna y sol.

Y por eso yo le obedezco,
(¿qué más puedo saber yo de Dios que Dios de sí mismo?),
le obedezco y vivo, espontáneamente,
como quien abre los ojos y ve,
y le llamo luz de luna y sol y flores y árboles y montes,
y lo amo sin pensar en él,
y lo pienso viéndolo y oyéndolo,
y ando con él a toda hora.

VI

Pensar en Dios es desobedecer a Dios,
porque Dios quiere que no lo conozcamos,
por eso él no se nos mostró...

Seamos simples y calmos,
como los arroyos y los árboles,
y Dios nos amará haciéndonos
bellos como los árboles y los arroyos,
¡y nos dará verdor en su primavera,
y un río adonde ir cuando acabemos!...

VII

De mi aldea veo todo lo que de la tierra se puede ver
/en el Universo...
Por eso mi aldea es tan grande como otra tierra cualquiera
porque yo soy del tamaño de lo que veo
y no del tamaño de mi altura...

En las ciudades la vida es más pequeña
que aquí en mi casa en la cima de esta colina.
En la ciudad las grandes casas cierran la vista con llave.
Esconden el horizonte, empujan nuestra mirada
/lejos del cielo,
nos volvemos pequeños porque nos sacan lo que
nuestros ojos nos pueden dar,
y nos volvemos pobres porque nuestra única riqueza
/es ver.

VIII

En el mediodía de fin de primavera
tuve un sueño como una fotografía.
Vi a Jesucristo descender a la tierra.
Vino por el borde de un monte
convertido otra vez en niño,
a correr y a rodar por la hierba
y a arrancar flores para dejarlas tiradas por ahí
y a reír de un modo que se escuchase de lejos.

Había huido del cielo.
Era demasiado nuestro como para fingir
que era la segunda persona de la Trinidad.
En el cielo todo era falso, todo en desacuerdo
con flores y árboles y piedras.
En el cielo tenía que estar siempre serio
y de vez en cuando se tenía que convertir otra vez en hombre
y subir a la cruz, y estar siempre por morir
con una corona toda llena de espinos
y los pies clavados con un clavo con cabeza
y hasta con un trapo cubriéndole la cintura
como los negros de las ilustraciones.
Ni siquiera le dejaban tener padre ni madre

como a los demás niños.

O su padre era dos personas

—un viejo llamado José, que era carpintero,

y que no era su padre;

y el otro padre era una paloma estúpida,

la única paloma fea del mundo

porque no era del mundo ni era paloma.

Y su madre no había amado antes de tenerlo.

No era una mujer: era una maleta

en la que él había venido del cielo.

¡Y querían que él, que solo nació de madre,

y nunca tendría padre para amar con respeto,

pregonara la bondad y la justicia!

Un día en que Dios estaba dormido

y el Espíritu Santo volaba por ahí

él fue a la caja de los milagros y robó tres.

Con el primero hizo que nadie supiese que él había huido.

Con el segundo se creó eternamente humano y niño.

Con el tercero creó un Cristo eternamente en la cruz

y lo dejó pegado en la cruz que hay en el cielo,

es la que sirve de modelo para las otras.

Después huyó para el sol

y descendió por el primer rayo que encontró.

Hoy vive en mi aldea conmigo.

Es un niño lindo de risa natural.
Limpia su nariz con el brazo derecho,
zapatea en los charcos de agua,
Toma las flores y le gustan y las olvida.
Le tira piedras a los burros,
roba fruta de los huertos
y se escapa llorando y gritando de los perros.
Y, porque sabe que a ellas no les gusta
y que a toda la gente le causa gracia,
corre detrás de las muchachas
que van en grupos por la vereda
con jarras en las cabezas
y les levanta las faldas.

A mí me enseñó todo.
Me enseñó a mirar las cosas.
Me señaló todas las cosas que hay en las flores.
Me mostró cómo las piedras tienen gracia
cuando la gente las tiene en la mano
y mira despacio en ellas.

Me habló muy mal de Dios.
Dice que es un viejo estúpido y enfermo
siempre escupiendo en el piso
y diciendo indecencias.

La Virgen María pasa las tardes de la eternidad
/haciendo calcetines.
Y el Espíritu Santo se rasca con el pico
y se para en las sillas sucias.
Todo en el cielo es estúpido como la Iglesia Católica.
Me contó que Dios no percibe nada
de las cosas que creó —
"Si es que él las creó, cosa de las yo dudo" —
"Él dice, por ejemplo, que los seres cantan a su gloria
pero los seres no cantan nada.
Si cantasen serían cantores.
Los seres son y nada más,
por eso se llaman seres".
Y después, cansados de hablar mal de Dios,
el Niño Jesús se adormece en mis brazos
y yo lo llevo de vuelta para casa.

Él vive conmigo en mi casa en el medio del cerro.
Él es el Eterno Niño, el dios que faltaba.
Es el humano que es natural,
es lo divino que sonríe y que juega.
Es por eso que sé que él es el Niño Jesús verdadero.

El niño es tan humano que es divino
es esta vida mía cotidiana de poeta,

y es porque él anda siempre conmigo que yo soy
/poeta siempre
y que mi mínimo mirar
me hincha de sensación,
el sonido más pequeño, sea de lo que fuese,
parece hablar conmigo.

El Niño Nuevo que habita donde vivo
me da una mano a mí
y la otra a todo lo que existe
y así vamos los tres por el camino que haya,
saltando y cantando y riendo
y gozando nuestro secreto común
que es el de saber siempre
que no hay misterio en el mundo
y que todo vale la pena.

El Niño Eterno me acompaña siempre.
La dirección de mi mirada es su dedo apuntando.
Mi oído atento alegremente a todos los sonidos
son los rasguños que él me hace, jugando, en mis orejas.

Nos llevamos tan bien uno con otro
en la compañía de todo
que nunca pensamos uno en el otro,
sino que vivimos juntos y dos

con un acuerdo íntimo
como la mano derecha y la izquierda.

Al anochecer jugamos a las cinco piedritas
en el canto de la puerta de casa,
graves como conviene a un dios y a un poeta
y como si cada piedra
fuese todo un universo
y fuese por eso un gran peligro para ella
dejarla caer en el piso.

Después yo le cuento historias de cosas de hombres
y él sonríe, porque todo es increíble,
se ríe de los reyes y de los que no son reyes,
y tiene pena de escuchar hablar de guerras,
y de los comercios, y de los navíos
que se hacen humo en el aire de los altos mares
porque sabe que a todo eso le falta la verdad
que tiene una flor al florecer
y que anda con la luz del sol
entre montes y valles
y haciendo doler los ojos de los muros callados.

Después se adormece y yo lo dejo
y lo llevo de vuelta para dentro de la casa
y lo dejo, desnudándolo lentamente

y siguiendo un ritual muy limpio
y todo materno hasta que quede desnudo.

Él duerme dentro de mi alma
y a veces se despierta de noche
y juega con mis sueños.
Tira algunos patas arriba en el aire,
pone unos encima de otros
y bate las palmas solo
sonriendo para mi sueño.

Cuando yo muera, hijito,
que sea yo el niño, el más pequeño.
Llevame vos de vuelta
y meteme dentro de tu casa.
Desvestí mi ser cansado y humano
y dejame en tu cama.
Y contame historias, en caso de que me despierte,
para que me vuelva a adormecer.
Y dame sueños tuyos para jugar
hasta que nazca cualquier día,
vos sabrás cuál.

Esta es la historia de mi Niño Jesús.
¿Hay razón para que no sea
más verdadera

que todo cuanto los filósofos piensan
y todo cuanto las religiones enseñan?

IX

Soy un cuidador de rebaños.

El rebaño es mis pensamientos

y mis pensamientos son todos sensaciones.

Pienso con los ojos y con los oídos

y con las manos y los pies

y con la nariz y la boca.

Pensar una flor es verla y olerla

y comer un fruto es saber su sentido.

Por eso cuando un día de calor

me siento triste de gozar tanto

y me dejo tirado en la hierba,

y cierro los ojos calientes,

siento todo mi cuerpo recostado en la realidad,

y sé la verdad y soy feliz.

X

"Hola, cuidador de rebaños,

ahí a la vera de la calle,

¿qué te dice el viento que pasa?".

"Que es viento y que pasa,

y que ya pasó antes,

y que pasará después,

¿y a vos qué te dice?".

"Mucho más que eso.

Me habla de muchas otras cosas.

De memorias y de nostalgias

y de cosas que nunca fueron".

"Nunca oíste pasar al viento.

El viento solo habla del viento.

Lo que oíste era mentira,

y esa mentira está en vos".

XI

Aquella señora tiene un piano
que es agradable, pero no es el correr de los ríos
ni el murmullo que los árboles hacen...

¿Para qué es necesario tener un piano?
Es mejor tener oídos
y amar a la Naturaleza.

XII

Los pastores de Virgilio tocaban zampoñas y
/otros instrumentos
y cantaban de amor literariamente.
(Después —yo nunca leí a Virgilio.
¿Para qué lo habría de leer?).

Pero los pastores de Virgilio, pobres, son Virgilio
y la Naturaleza es bella y antigua.

XIII

Leve, leve, muy leve,
un viento muy leve pasa,
y se va, siempre muy leve.
Y yo no sé lo que pienso
ni procuro saberlo.

XIV

No me interesan las rimas. Raras veces
hay dos árboles iguales, uno al lado del otro.
Pienso y escribo como las flores tienen color
pero con menos perfección en mi modo de exprimirme
porque me falta la simplicidad divina
de ser todo solo mi exterior

Miro y me conmuevo,
me conmuevo como el agua corre cuando el piso
/está inclinado,
y mi poesía es natural como cuando se levanta viento.

XV

Las cuatro canciones que siguen
se separan de todo lo que pienso,
mienten todo lo que yo siento,
son el contrario de lo que soy...

Las escribí estando enfermo
y por eso ellas son naturales
y concuerdan con aquello con lo que no concuerdan...
Estando enfermo debo pensar lo contrario
de lo que pienso cuando estoy sano.
(Sino, no estaría enfermo),
debo sentir lo contrario de lo que siento
cuando soy yo en la salud,
debo mentir mi naturaleza
de criatura que siente de cierta manera...
Debo ser todo enfermo —ideas y todo.
Cuando estoy enfermo, no estoy enfermo para otra cosa.

Por eso esas canciones que me reniegan
no son capaces de renegar
y son el paisaje de mi alma de noche,
la misma al contrario...

XVI

Quien me diera que mi vida fuera un carro de bueyes
que viene a chisporrotear, mañanita temprano, por la calle,
y que desde donde estoy mirando vuelve después
casi a la nochecita por la misma calle.

Yo no tendría que tener esperanzas —tendría que
/tener ruedas...
Mi vejez no tendría arrugas ni cabello blanco...
Cuando yo ya no sirviese, me tirarían las ruedas
y yo me quedaría triste y partido en el fondo de un barranco.

XVII

¡En mi plato qué mezcla de Naturaleza!
Mis hermanas las plantas,
las compañeras de las fuentes, las santas
a quien nadie reza...

Y las cortan y las dejan en nuestra mesa
y en los hoteles los huéspedes ruidosos
que llegan con sus equipajes atados con correas,
piden "Ensalada", descuidados...,
sin pensar que exigen a la tierra madre
su frescura y sus hijos primeros,
las primeras verdes palabras que ella tiene,
las primeras cosas vivas e iridiscentes
que Noé vio
cuando las aguas descendieron y la cima de los montes
verde e inundado surgió
y en el aire por donde la paloma apareció
mientras el arco iris se desteñía...

XVIII

Quién me diera ser el polvo de la calle
y que los pies de los pobres me estuvieran pisando...

Quién me diera ser los ríos que corren
y que las lavanderas estuviesen en mi orilla...

Quién me diera ser el burro del molinero
y que él me pegase y me estimase...

Antes eso que ser lo que atraviesa la vida
mirando para atrás de sí y teniendo pena...

XIX

La luz de la luna cuando golpea la hierba
no sé de qué cosa me recuerda...
Me recuerda la voz de la vieja criada
contándome cuentos de hadas.
Y de cómo Nuestra Señora vestida de mendiga
andaba de noche por las calles
socorriendo a los niños maltratados...

Si yo ya no puedo creer que eso es verdad,
¿para qué golpea la luz de la luna en la hierba?

XX

El Tejo es más bello que el río que corre por mi aldea,
pero el Tejo no es más bello que el río que corre por mi aldea
porque el Tejo no es el río que corre por mi aldea.

El Tejo tiene grandes navíos
y navega en él todavía,
para aquellos que ven en todo lo que ahí no está,
la memoria de los barcos.

El Tejo desciende desde España
y el Tejo entra al mar en Portugal.
Todo el mundo sabe eso.
Pero pocos saben cuál es el río de mi aldea
y para dónde va
y de dónde viene.
Es por eso, porque pertenece a menos gente,
es que es más libre y mayor el río de mi aldea.

Por el Tejo se va para el Mundo.
Más allá del Tejo está América
y la fortuna de aquellos que la encuentran.

Nadie nunca pensó en lo que hay más allá
del río de mi aldea.

El río de mi aldea no hace pensar en nada.
Quien está al pie de él está solo al pie de él.

XXI

Si pudiera morder la tierra toda
y sentirle un sabor,
sería más feliz por un momento...
Pero yo no siempre quiero ser feliz.
Es preciso ser de vez en cuando infeliz
para poder ser natural.

No todo es días de sol,
y la lluvia, cuando falta, la pedimos.
Por eso tomo la infelicidad con la felicidad
naturalmente, como quien no se extraña
de que haya montañas y haya planicies
y que haya acantilados y hierba...

Lo que es necesario es ser natural y calmo
en la felicidad y en la infelicidad,
sentir como quien mira,
pensar como quien anda,
y cuando se está por morir, recordar que el día
/también muere,
y que el poniente es bello y es bella la noche que queda...
así es y que así sea...

XXII

Como quien un día de Verano abre la puerta de su casa
y se lanza hacia el calor de los campos con toda la cara,
a veces, de repente, me golpea la Naturaleza de frente
en la cara de mis sentidos
y yo me quedo confundido, perturbado, queriendo percibir
no sé bien cómo ni qué...

¿Pero quién me mandó a mí a querer percibir?
¿Quién me dijo que había que percibir?

Cuando el Verano me pasa por la cara
la mano leve y caliente de su brisa,
solo tengo que sentir agrado porque es brisa
o que sentir desagrado porque está caliente,
y de cualquier manera que yo sienta,
así, porque así lo siento, es que es mi deber sentirlo...

XXIII

Mi mirada es azul como el cielo
y calma como el agua al sol.
Y es así, azul y calma,
porque no interroga ni espanta...

Si yo interrogase o me espantase
no nacerían flores nuevas en los prados
ni el sol tocaría ninguna cosa de modo que esa cosa
quedase más bella...

(Da igual si nacieran flores nuevas en el prado
y si el sol cambiase algo para hacerlo más bello,
yo sentiría menos flores en el prado
y encontraría más feo al sol...
porque todo es como es y así es lo que es,
y yo lo acepto y ni agradezco,
para que no parezca que pienso en eso...).

XXIV

Lo que vemos de las cosas son las cosas.
¿Por qué veríamos una cosa si hubiese otra?
¿Por qué ver y oír sería eludirnos
si ver y oír es ver y oír?

Lo esencial es saber ver,
saber ver sin estar pensando,
saber ver cuando se ve,
y no pensar cuando se ve
ni ver cuando se piensa.

Pero eso (¡tristes de nosotros que traemos el alma vestida!),
eso exige un estudio profundo,
un aprendizaje de desaprender
y un secuestro de la libertad de aquel convento
del que los poetas dicen que las estrellas son las
/monjas eternas
y las flores las penitentes convictas de un solo día,
pero donde al final las estrellas no son más que estrellas
ni las flores son sino flores,
siendo por eso que les llamamos estrellas y flores.

XXV

Las burbujas de jabón con las que este niño
se entretiene soplando por una pajita
son translúcidamente una filosofía entera.
Claras, inútiles y pasajeras como la Naturaleza,
/amigas de los ojos como las cosas,
son aquello que son
con una precisión redonda y aérea,
y nadie, ni el niño mismo que las suelta,
pretende que ellas sean más de lo que parecen.

Algunas apenas se ven en el aire lúcido.
Son como la brisa que pasa y toca apenas las flores
y de la que solo sabemos que pasa
porque algo se aligera en nosotros
y acepta todo más nítidamente.

<h1 style="text-align:center">XXVI</h1>

A veces, en días de luz perfecta y exacta,
en que las cosas tienen toda la realidad que pueden tener,
pregunto despacio a mí mismo
por qué siquiera atribuyo yo
belleza a las cosas.

¿Una flor acaso tiene belleza?
¿Tiene belleza acaso un fruto?
No: tiene color y forma
y existencia apenas.
La belleza es el nombre de cualquier cosa que no existe
que yo doy a las cosas según el agrado que me dan.
No significa nada.
¿Entonces por qué digo de las cosas: son bellas?

Sí, incluso a mí, que vivo solo de vivir,
invisibles, se meten conmigo las mentiras de los hombres
hacia las cosas,
hacia cosas que simplemente existen.

¡Qué difícil es ser uno mismo y no ver sino lo visible!

XXVII

Solo la Naturaleza es divina y no es es divina...

Si hablo de ella como de un ente
es que para hablar de ella preciso usar un lenguaje de
/los hombres
que da personalidad a las cosas,
e imponen nombre a las cosas.

Pero las cosas no tienen nombre ni personalidad:
existen, y el cielo es grande y la tierra larga,
y nuestro corazón del tamaño de un puño cerrado...

Bendito sea yo por todo cuanto sé.
Gozo de todo eso como quien sabe que hay sol.

XXVIII

Leí hoy casi dos páginas
del libro de un poeta místico,
y reí como quien ha llorado mucho.

Los poetas místicos son filósofos enfermos,
y los filósofos son hombres locos.

Porque los poetas místicos dicen que las flores sienten
y dicen que las piedras tienen alma
y que los ríos tienen éxtasis bajo la luz de la luna.

Pero las flores, si sintieran, no serían flores,
serían gente;
y si las piedras tuviesen alma, serían cosas vivas
/y no serían piedras;
y si los ríos tuviesen éxtasis bajo la luz de la luna
los ríos serían hombres enfermos.
Es necesario no saber lo que son las flores
/ni las piedras ni los ríos
para hablar de sus sentimientos.
Hablar del alma de las piedras, de las flores, de los ríos
es hablar de sí mismo y de los propios falsos pensamientos.

Gracias a Dios que las piedras son solo piedras,

y que los ríos no son sino ríos,

y que las flores son apenas flores.

Por mí, escribo la prosa de mis nuevos versos

y quedo contento,

porque sé que comprendo a la Naturaleza por fuera;

y que no la comprendo por dentro

porque la Naturaleza no tiene adentro;

sino no sería Naturaleza.

XXIX

No siempre soy igual a lo que digo y escribo.
Cambio, pero no cambio mucho.
El color de las flores no es el mismo al sol
que cuando una nube pasa
o cuando entra la noche
y las flores son color de sombra.

Pero quien mira bien ve que son las mismas flores.
Por eso cuando parezco no concordar conmigo,
/mírenme bien.
Si estaba inclinado para la derecha,
ahora me giré para la izquierda,
pero soy siempre yo, asentado sobre los mismos pies—
el mismo siempre, gracias al cielo y a la tierra
y a mis ojos y oídos atentos
y a mi clara simplicidad del alma...

XXX

Si quisiesen que yo tenga un misticismo, está bien, lo tengo.
Soy místico, pero solo con el cuerpo.
Mi alma es simple y no piensa.

Y mi misticismo es no querer saber.
Es vivir y no querer pensar en eso.

No sé lo que es la naturaleza: la canto.
Vivo a la cima de un cerro
en una casa callada y solitaria,
y esa es mi definición.

XXXI

Si a veces digo que las flores sonríen
y si dijera que los ríos cantan,
no es porque yo juzgue que hay sonrisas en las flores
y cantos en el correr de los ríos...
Es porque así hago sentir mejor a los hombres falsos
la existencia verdaderamente real de las flores y de los ríos.

Porque escribo para que ellos me lean me sacrifico a veces
a su estupidez de sentidos...
No concuerdo conmigo pero me absuelvo,
porque solo soy esa cosa seria, un intérprete de
/la Naturaleza,
porque hay hombres que no perciben su lenguaje,
porque ella no es ningún lenguaje.

XXXII

Ayer a la tarde un hombre de las ciudades
hablaba en la puerta de la posada.
Hablaba conmigo también.

Hablaba de la justicia y de la lucha para que haya justicia
y de los operarios que sufren,
y del trabajo constante, y de los que tienen hambre,
y de los ricos, que solo tienen espalda para eso.

Y, mirando para mí, me vio con lágrimas en los ojos
y sonrió con agrado, juzgando que yo sentía
el odio que él sentía, y la compasión
que él decía que sentía.

(Pero yo apenas si lo estaba oyendo.
¿Qué me importan a mí los hombres
y lo que sufren o suponen que sufren?
Sean como yo —no sufrirán.
Todo el mal del mundo viene de preocuparnos
/los unos por los otros,
sea para hacer el bien, sea para hacer el mal.

Nuestra alma y el cielo y la tierra nos bastan.
Querer más es perder eso, y ser infeliz).

Yo en lo que estaba pensando
cuando el amigo de la gente hablaba
(y eso me conmovió hasta las lágrimas)
era cómo el murmullo lejano de los cencerros
en ese atardecer
no parecían las campanadas de una capilla pequeña
a la que fueran a misa las flores y los arroyos
y las almas simples como la mía.

(Alabado sea Dios porque no soy bueno,
y tengo el egoísmo natural de las flores
y de los ríos que siguen su camino
preocupados, sin el saber,
solo con florecer e ir corriendo,
es esa la única misión del mundo,
esa —existir claramente,
y saber hacerlo sin pensar en eso).

Y el hombre se calló, mirando el poniente.
Pero, ¿qué tiene con el poniente quien odia y ama?

XXXIII

Pobres de las flores en los canteros de los jardines regulares.
Parecen tener miedo de la policía...
Pero, tan buenas, que florecen del mismo modo
y tienen la misma sonrisa antigua
que tuvieron para la primera mirada del primer hombre
que las vio aparecidas y las tocó levemente
para ver si ellas hablaban...

XXXIV

Encuentro tan natural que no se piense
que me pongo a reír a veces, solo,
no se bien de qué, pero es de cualquier cosa
que tiene que ver con que haya gente que piensa...

¿Qué pensará el muro de mi sombra?
Me pregunto a veces esto hasta darme cuenta
de que me estoy preguntando cosas...
Y entonces me desagrado, me incomodo
como si me diese cuenta como se da cuenta
/un pie dormido...

¿Qué pensará esto de aquello?
Nada piensa nada.
¿Tendrá la tierra conciencia de las piedras y
/de las plantas que tiene?
Si ella la tuviese, que la tenga...
¿Qué me importa eso a mí?
Si yo pensase en esas cosas,
dejaría de ver los árboles y las plantas
y dejaría de ver la Tierra,

para ver solo mis pensamientos...

Entristecería y me quedaría a oscuras.

Y así, sin pensar tengo la Tierra y el Cielo.

XXXV

La luz de la luna a través de las altas ramas,
dicen todos los poetas que eso es más
que la luz de la luna a través de las altas ramas.

Pero para mí, que no sé lo que pienso,
lo que la luz de la luna a través de las altas ramas
es, además de ser
la luz de la luna a través de las altas ramas,
es no ser más
que la luz de la luna a través de las altas ramas.

XXXVI

¡Y hay poetas que son artistas
y trabajan sus versos
como un carpintero las tablas!

¡Qué triste es no saber florecer!
Tener que poner verso sobre verso, como
/quien construye un muro
y ver si está bien, y tirar abajo si no lo está!
Cuando la única casa artística es la Tierra toda
que varía y está siempre bien y es siempre la misma.

Pienso en esto, no como quien piensa, sino como
/quien respira,
y miro las flores y sonrío...
No sé si ellas me comprenden
ni sé si yo las comprendo a ellas,
pero sé que la verdad está en ellas y en mí
y en nuestra común divinidad
de que nos dejamos ir y vivimos por la Tierra
y nos tiramos al suelo por las Estaciones contentas
y dejamos que el viento cante para adormecernos
y no tenemos sueños en nuestro sueño.

XXXVII

Como un gran borrón de fuego sucio

el sol puesto se demora en las nubes que quedan.

Viene un silbido vago de lejos en la tarde muy calma.

Debe ser el de una carreta lejana.

En este momento me viene una vaga saudade

y un vago deseo plácido

que aparece y desaparece.

También a veces, en la flor de las orillas,

se forman burbujas de agua

que nacen y se deshacen

y no tienen ningún sentido

salvo ser burbujas de agua

que nacen y se deshacen.

XXXVIII

Bendito sea el mismo sol de otras tierras
que hace hermanos míos a todos los hombres
porque todos los hombres, un momento del día,
/lo miran como yo.
y en ese puro momento
limpio y sensible
regresan lacrimosamente
y con un suspiro que apenas sienten
al hombre verdadero y primitivo
que miraba el Sol nacer y todavía no lo adoraba.
Porque eso es natural —más natural
que adorar el oro y a Dios
y al arte y a la moral.

XXXIX

El misterio de las cosas, ¿dónde es que está?

¿Dónde está que no aparece

por lo menos para mostrarnos qué es lo misterioso?

¿Qué sabe el río de eso y qué sabe el árbol?

Y yo, que no soy más que ellos, ¿qué sé de eso?

Siempre que miro a las cosas y pienso en lo que

/los hombres piensan de ellas,

río como un arroyo que suena fresco en una piedra.

Porque el único sentido oculto de las cosas

es que ellas no tienen ningún sentido oculto,

es más extraño que todas las extrañezas

y que los sueños de todos los poetas

y los pensamientos de todos los filósofos,

que las cosas sean realmente lo que parecen ser

y que no haya nada que comprender.

Sí, es lo que mis sentidos aprendieron solos:

las cosas no tienen significación: tienen existencia.

Las cosas son el único sentido oculto de las cosas.

XL

81

Pasa una mariposa por delante de mí
y por primera vez en el Universo reparo
que las mariposas no tienen color ni movimiento,
así como las flores no tienen perfume ni color.
El color es que tienen color las alas de la mariposa,
en el movimiento de la mariposa el movimiento es
/que se mueve,
el perfume es que tiene perfume el perfume de la flor.
La mariposa es apenas mariposa
y la flor es apenas flor.

XLI

En el atardecer de los días de Verano, a veces,

aunque no haya ninguna brisa, parece

que pasa, un momento, una leve brisa...

Pero los árboles permanecen inmóviles

en todas las hojas de sus hojas

Y nuestros sentidos tuvieron una ilusión,

la ilusión de que les agradaría...

Ah, los sentidos, ¡los enfermos que ven y oyen!

Si fuésemos como deberíamos ser

no habría en nosotros necesidad de ilusión...

Nos bastaría sentir con claridad y vida

y ni reparar en para qué hay sentidos...

Pero gracias a Dios que hay imperfección en el Mundo

porque la imperfección es una cosa,

y que haya gente que erra es original,

y que haya gente enferma hace que el Mundo sea gracioso.

Si no hubiese imperfección, habría una cosa menos,

y tiene que haber muchas cosas

para que tengamos mucho que ver y oír...

XLII

Pasó la diligencia por la calle, y se fue;

y la calle no quedó más bella, ni siquiera más fea.

Así es la acción humana por el mundo.

Nada tomamos y nada ponemos; pasamos y olvidamos;

y el sol es siempre puntual todos los días.

XLIII

Antes el vuelo del ave, que pasa y no deja rastro,
que el paso del animal, que queda recordado en el piso.
El ave pasa y olvida, y así debe ser.
El animal, donde ya no está y por eso de nada sirve,
muestra que ya estuvo, o que no sirve para nada.

Recordar es una traición de la Naturaleza,
porque la Naturaleza de ayer no es Naturaleza.
Lo que fue no es nada, y recordar es no ver.

¡Pasa, ave, pasa, y enséñame a pasar!

XLIV

85

Despierto de noche súbitamente,

y mi reloj ocupa la noche toda.

No siento la Naturaleza allá afuera.

Mi cuarto es una cosa oscura con paredes

/vagamente blancas.

Allá afuera hay un sosiego como si nada existiese.

Solo el reloj prosigue su ruido.

Y esta pequeña cosa de engranajes que está encima de

/mi mesa

sofoca toda la existencia de la tierra y del cielo...

Casi que me pierdo al pensar lo que esto significa,

pero me paro, y me siento sonreír en la noche con toda

/la boca,

porque la única cosa que mi reloj simboliza o significa

llenando con su pequeñez a la noche enorme

es la curiosa sensación de llenar a la noche enorme

con su pequeñez...

XLV

Una fila de árboles allá lejos, allá hacia la pendiente.
Pero, ¿qué es una fila de árboles? Hay árboles apenas.
Fila y el plural árboles no son cosas, son nombres.

Tristes de las almas humanas, que ponen todo en orden,
que trazan líneas de cosa a cosa.
Que ponen letreros con nombres en los árboles
/absolutamente reales,
y dibujan paralelos de latitud y longitud
¡sobre la propia tierra inocente y más verde y florida que eso!

XLVI

De este modo o de aquel modo,

haya canal o no haya canal,

pudiendo a veces decir lo que pienso,

y otras veces diciendo mal, o con mixturas

voy escribiendo mis versos sin querer,

como si escribir no fuera una cosa hecha de gestos,

como si escribir fuera una cosa que me acontece

como si me diera el sol de afuera.

Procuro decir lo que siento

sin pensar en lo que siento.

Procuro volcar en las palabras la idea

y no precisar de un pasillo

del pensamiento para las palabras.

No siempre consigo sentir lo que sé que debo sentir.

O mi pensamiento muy lento atraviesa el río a nado

porque le pesa el hecho de que los hombres lo usaron.

Procuro despedirme de lo que aprendí,

procuro olvidarme del modo de recordar lo que

/me enseñaron,

y raspar la tinta con que me pintaron los sentidos,
desembalar mis emociones verdaderas,
desenvolverme y ser yo, no Alberto Caeiro,
sino un animal humano que la Naturaleza produjo.

Y así escribo, queriendo sentir la Naturaleza,
/ni siquiera como un hombre,
sino como quien siente la Naturaleza, y nada más.
Y así escribo, a veces bien, a veces mal,
a veces acertando con lo que quiero decir, otras errando,
cayendo aquí, levantándome por allá,
pero yendo siempre por mi camino como un
/ciego testarudo.

Todavía así, soy alguien.
Soy el Descubridor de la Naturaleza.
Soy el Argonauta de las sensaciones verdaderas.
Traigo al Universo un nuevo Universo
porque le traigo al Universo a él mismo.

Esto siento y esto escribo
perfectamente sabedor y sin que yo no vea
que son las cinco de la mañana
y que el sol, que aún no mostró la cabeza
por encima del muro del horizonte,

aun así ya se le ven las puntas de los dedos
agarrando la cima del muro
del horizonte lleno de montes bajos.

XLVII

En un día excesivamente nítido,
día en que daba ganas de haber trabajado mucho
para ahí no tener que trabajar nada,
entreví, como una calle por entre los árboles,
lo que tal vez sea el Gran Secreto,
aquel Gran Misterio del que los falsos poetas hablan.

Vi que no hay Naturaleza,
que la Naturaleza no existe,
que hay montes, valles, planicies,
que hay árboles, flores, hierbas,
que hay ríos y piedras,
pero que no hay un todo al que todo eso pertenezca,
que un conjunto real y verdadero
es una enfermedad de nuestras ideas.

La Naturaleza es partes sin un todo.
Esto es tal vez el tal misterio del que hablan.

Fue esto lo que sin pensar ni parar,
acerté que debía ser la verdad
que todos están buscando y no encuentran,
y que solo yo, porque no la fui a buscar, encontré.

XLVIII

De la más alta ventana de mi casa
con un pañuelo blanco digo adiós
a mis versos que parten parte la humanidad.

Y no estoy alegre ni triste.
Ese es el destino de los versos.
Los escribí y debo mostrarlos a todos
porque no puedo hacer lo contrario
como la flor no puede esconder el color,
ni el río esconder que corre,
ni el árbol esconder que da fruto.

Están aquí y van ya lejos como en una diligencia
y yo sin querer siento pena
como un dolor en el cuerpo.

¿Quién sabe quién nos leerá?
¿Quién sabe a qué manos irán?

Flor, recogieron mi destino para los ojos.
Árbol, me arrancaron los frutos para las bocas.
Río, el destino de mi agua era no quedarse en mí.

Me someto y me siento casi alegre,
casi alegre como quien se cansa de estar triste.

¡Vayan, váyanse de mí!
Pasa el árbol y queda disperso por la Naturaleza.
Se marchita la flor y su polvo dura siempre.
Corre el río y entra en el mar y su agua es siempre
/la que fue suya.

Paso y quedo, como el universo.

XLIX

Me meto para adentro, y cierro la ventana.

Traen el candelabro y dan las buenas noches,

y mi voz contenta dá las buenas noches.

Ojalá mi vida sea siempre esto:

el día lleno de sol, o suave de lluvia,

o tempestuoso como si se acabase el Mundo,

la tarde suave y los peregrinos que pasan

los observo con interés desde la ventana,

la última mirada amiga dada al sosiego de los árboles,

y después, cerrada la ventana, el candelabro prendido,

sin leer nada, ni pensar en nada, ni dormir,

sentir la vida correr por mí como un río por su lecho,

y allá afuera un gran silencio como un dios que duerme.

El pastor amoroso

Cuando yo no te tenía

amaba a la Naturaleza como un monje calmo a Cristo…

Ahora amo a la Naturaleza

como un monje calmo a la Virgen María,

religiosamente, a mi modo, como antes,

pero de otra manera más conmovida y próxima…

Veo mejor los ríos cuando voy con vos

por los campos hasta la orilla de los ríos;

sentado a tu lado reparando en las nubes

reparo en ellas mejor—

vos no me sacaste la Naturaleza…

Vos cambiaste la Naturaleza…

Trajiste la Naturaleza a mis pies,

porque vos existís la veo mejor, pero la misma,

porque vos me amás, la amo del mismo modo, pero más,

porque vos me elegís tenerte y amarte

mis ojos la observan más demoradamente

sobre todas las cosas.

No me arrepiento de lo que fui antes

porque todavía lo soy.

Va alta en el cielo la luna de Primavera.
Pienso en vos y dentro de mí estoy completo.

Corre por los vagos campos hasta mí una brisa ligera.
Pienso en vos, murmuro tu nombre; y yo no soy yo: soy feliz.

Mañana vendrás, irás conmigo a recoger flores por el campo,
y yo andaré con vos por los campos viendote recoger flores.
Yo ya te veo mañana recogiendo flores conmigo por
/los campos,
porque cuando vengas mañana y vayas conmigo
/al campo a recoger flores
eso será una alegría y una verdad para mí.

El amor es una compañía.

Ya no sé andar solo por los caminos,

porque ya no puedo andar solo.

Un pensamiento visible me hace andar más deprisa

y ver menos, y al mismo tiempo gustar bien de

/ir viendo todo.

Así también la ausencia de ella es una cosa que

/está conmigo.

Y a mí me gusta tanto ella que no sé cómo desearla.

Si no la veo, la imagino y soy fuerte como los árboles altos.

Pero si la veo tiemblo, no sé lo que hice de lo que siento

/en su ausencia.

Todo yo soy cualquier fuerza que me abandona.

Toda la realidad mira para mí como un girasol con

/la cara de ella en el medio.

El pastor amoroso perdió el bastón,

y las ovejas se extraviaron por la pendiente,

y, de tanto pensar, ni tocó la flauta que trajo para tocar.

Nadie se le apareció ni desapareció. Nunca más

/encontró el bastón.

Otros, maldiciéndolo, recogieron las ovejas.
nadie lo había amado, al final.

Cuando se irguió de la pendiente y de la verdad falsa,
/vio todo:
los grandes valles llenos de los mismos verdes de siempre,
y las grandes montañas lejos, más reales que
/cualquier sentimiento,
y la realidad toda, como el cielo y el aire y los campos que
/existen, están presentes.
(Y de nuevo el aire, que le faltara tanto tiempo,
/le entró fresco en los pulmones)
y sintió que de nuevo el aire le abría, pero con dolor,
/una libertad en el pecho.

Pasé toda la noche, sin dormir, viendo, sin espacio,
/la figura de ella,
y viéndola siempre de maneras diferentes de como
/la encuentro a ella.
Hago pensamientos con el recordatorio de lo que
/ella es cuando me falta,
y en cada pensamiento ella varía de acuerdo con
/su semejanza.
Amar es pensar.
Y yo casi que me olvido de sentir solo de pensar en ella.
No sé bien lo que quiero, ni siquiera de ella, y
/no pienso sino en ella.

Tengo una gran distracción animada.
Cuando deseo encontrarla
casi que prefiero no encontrarla,
para no tener que dejarla después.
No sé bien lo que quiero, ni quiero saber lo que quiero.
/Quiero solo
pensar en ella.
No pido nada a nadie, ni a ella, salvo pensar.

Todos los días ahora despierto con alegría y pena.

Antiguamente despertaba sin sensación ninguna;
/despertaba.

Tengo alegría y pena porque pierdo lo que sueño

y puedo estar en la realidad donde está lo que sueño.

No sé lo que voy a hacer con mis sensaciones.

No sé lo que voy a hacer conmigo, solo.

Quiero que ella me diga cualquier cosa para

/despertarme de nuevo.

Epitafio

Si me muero joven,

sin poder publicar ningún libro,

sin ver la cara que tienen mis versos en letra impresa,

pido que, si se quisieran enojar por mi causa,

que no se enojen.

Si así acontece, así está bien.

Aun si mis versos nunca sean impresos,

ellos tendrán su belleza, si fueran bellos.

Pero ellos no pueden ser bellos y quedarse sin imprimir,

porque las raíces pueden estar debajo de la tierra

pero las flores florecen al aire libre y a la vista.

Tiene que ser así por fuerza. Nada lo puede impedir.

Si yo me muriese muy joven, oigan esto:

nunca fui otra cosa que un niño que jugaba.

Fui gentil como el sol y el agua,

de una religión universal que solo los hombres no tienen.

Fui feliz porque no pedí ninguna cosa,

ni procuré encontrar nada,

ni encontré que hubiese más explicación

que el hecho de que la palabra explicación no tiene

/ningún sentido.

No deseé sino estar al sol y a la lluvia—
al sol cuando había sol
y a la lluvia cuando estaba lloviendo
(y nunca al revés),
sentir calor y frío y viento,
y no ir más lejos.

Una vez amé, y creí que me amarían,
pero no fui amado.
No fui amado por una única gran razón:
porque no tenía que ser.

Me consolé volviendo al sol y a la lluvia,
y sentándome otra vez en el pórtico de mi casa.
Los campos, al final, no son tan verdes para los que
/son amados
como para los que no lo son.
Sentir es estar distraído.

Si después de que muera, quisieran escribir mi biografía,
no hay nada más simple.
Tiene solo dos fechas —la de mi nacimiento y la de
/mi muerte.
Entre una y otra cosa todos los días son míos.

Soy fácil de definir.
Vi como un maldito.
Amé las cosas sin ninguna sentimentalidad.
Nunca tuve un deseo que no pudiese realizar,
/porque nunca me cegué.
Incluso oír nunca fue para mí sino un acompañamiento
/de ver.
Comprendí que las cosas son reales y todas
/diferentes unas de otras;
comprendí esto con los ojos, nunca con el pensamiento.
Comprender esto con el pensamiento sería encontrarlas
/todas iguales.

Un día me dio sueño, como a cualquier niño.
Cerré los ojos y dormí.
Además de eso, fui el único poeta de la Naturaleza.

Apéndice

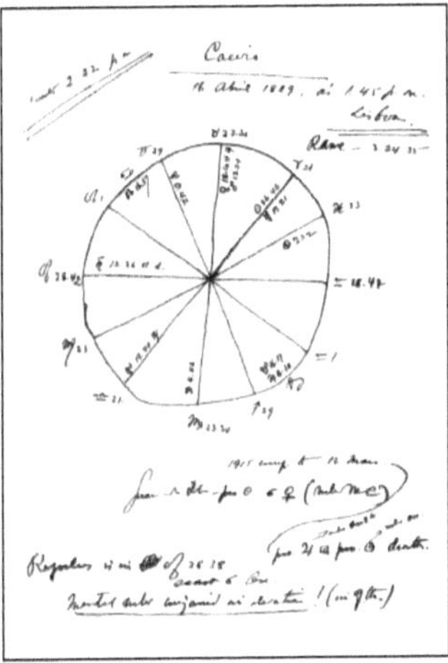

Carta astral de Alberto Caeiro realizada por Fernando Pessoa (les hacía la carta astral a todos sus heterónimos).

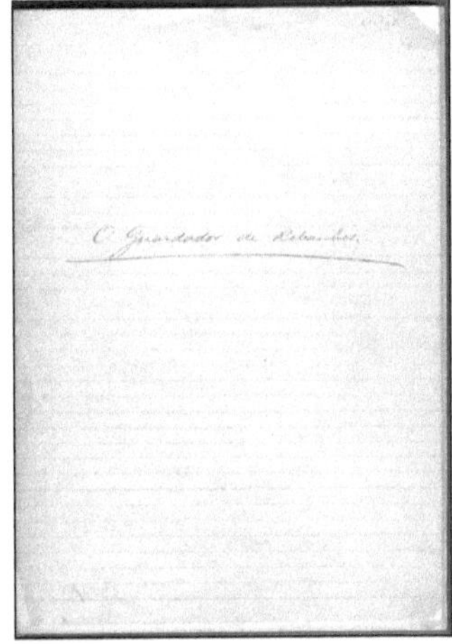
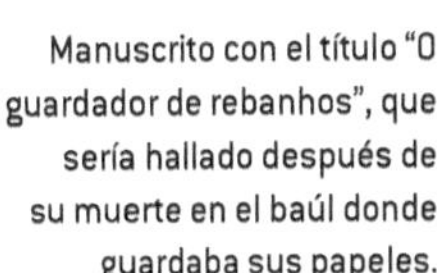

Manuscrito con el título "O guardador de rebanhos", que sería hallado después de su muerte en el baúl donde guardaba sus papeles.

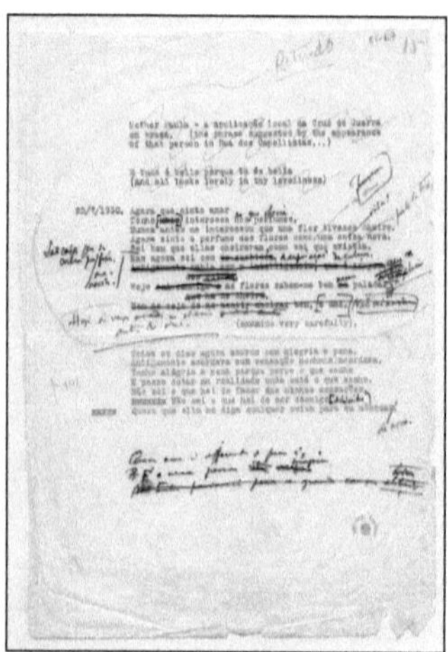

Fotografía de una página
escrita a máquina y corregida
por Fernando Pessoa.

Manuscrito final del primer
poema de *El Cuidador de
rebaños*.

Manuscrito del segundo
poema de *El cuidador de
Rebaños*.

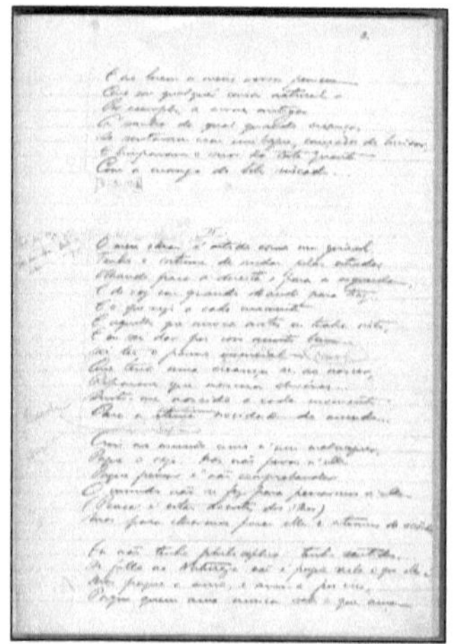

Índice

Biografía del autor 7

Biografía del traductor 9

Prólogo 11

El cuidador de rebaños 21

El pastor amoroso 95

Epitafio 103

Apéndice 109